I ♥ real food.

einfach. gesund. lecker.

Svenja Trierscheid

I love real food.

einfach. gesund. lecker.

1. Auflage, Juli 2012

Herstellung und Verlag: Books on Demand GmbH, Norderstedt

ISBN 978-3-8482-1659-8

Danke.

An alle, die mich beim herstellen dieses
Buches begleitet und mir geholfen haben.

Ein besonderer Dank gilt Caro,
meinem Versuchskaninchen.

INHALT

Hauptspeisen - Fisch & Meeresfrüchte

Desserts

Einleitung.

Essen ist Nahrung. Für den Körper, den Geist und die Seele.

Warum also sollte man Nahrung zu sich nehmen, von der man weiß, dass sie einen nicht in allen drei Gebieten „nährt"?

Essen bedeutet mehr als „Ich esse dies, und trainiere das ab".

Man sollte sich vor Augen halten, dass das, was man isst, den gesamten Körper durchwandert und dabei helfen soll, in guter Kondition zu bleiben, Energie zu besitzen und den Alltag mit Leichtigkeit zu bewältigen.

Außerdem sollte Essen Spaß machen, die Kreativität anregen und Menschen zusammenbringen.

Paleo (abgeleitet von der Paläonthologie, deshalb oft auch "Steinzeitdiät" genannt) bedeutet für mich, zwar auf bestimmte Lebensmittel zu „verzichten", mich dabei aber niemals mit langweiligem oder geschmackslosen Essen abzufinden.

Gehen wir kurz die wichtigsten Punkte durch, auf die man achten sollte:

Getreideprodukte jeglicher Art werden hierbei vermieden, ebenso wie alle Pflanzenöle außer Kokosöl, Avocados und Olivenöl.
Die Hauptfettquelle sollte tierischer Natur sein.

Man kann sich zu dem Thema „Paleo/Primal" im Internet und in Büchern schlau lesen, in diesem Buch ist der Fokus jedoch auf diejenigen Lebensmittel gesetzt, die man verzehren sollte.

Grundsatz dieser Art von Ernährung bilden unsere Gene und für welche Nahrungsmittel wir seit jeher gemacht sind. Und dazu gehören sicher keine kandierten Äpfel, Pizza mit Käserand oder in Pflanzenöl frittierte Doughnuts mit „Erdbeer"-Glasur.

Milchprodukte sind hierbei eine Grauzone, viele Menschen vertragen sie (auch unwissentlich) nicht, manche jedoch schon.

In diesem Buch werden hier und da Milchprodukte auftauchen, aber eher selten.

Hierbei ist es so, dass die meisten Menschen Butter und Sahne noch am besten von allen Milchprodukten vertragen, da in diesen relativ wenig Laktose enthalten ist.

Gebraten wird meist in Butter, Ghee (geklärte, vom Milcheiweiß getrennte Butter, sehr zu empfehlen für laktoseintolerante Menschen als Alternative zu Butter) oder Kokosöl.

Gesättigte Fette nähren den Körper. Er weiß, wie er damit umzugehen hat, ganz im Gegensatz zu körperfremden, ungesättigten Pflanzenölen wie Raps, Sonnenblume etc.

Es hat einen Grund, dass diese Öle so billig sind.

Frische Lebensmittel sind der Mittelpunkt, wenn es um gesunde Ernährung geht, wenn möglich, regional und aus biologisch korrektem Anbau.

Da dies nicht immer möglich ist, lege ich oft mehr Wert auf die Qualität des Fleisches und des Fisches.

Man sollte, wenn möglich, auf Fleisch aus artgerechter Haltung achten.
Das hat sowohl für uns als auch für die Tiere Vorteile.

Dazu gehört, dass das Rindfleisch von Weidetieren, die Hühner (und Eier) aus Freilandhaltung stammen und der Fisch möglichst wildgefangen sein sollte.

Was brauche ich in fast jedem Rezept?

Oft nicht extra erwähnt, weil man diese Sachen immer in der Küche haben sollte, sind:

- Ghee
- Butter
- Kokosnussöl, kalt gepresst
- Salz
- Pfeffer

Ausserdem ist ein Julienne-Schneider hervorragend, um aus Gemüse eine Art "Ersatz-Pasta" zu machen!

Ausserdem: Die angegebenen Temperaturen für den Backofen sind auf Ober/Unterhitze ausgelegt!

Abnehmen mit Paleo?

Grundsätzlich ist dieses Buch nicht hauptsächlich zum Abnehmen gedacht, Paleo ist eine Lebens- und Essensart, die uns ganzheitlich Vorteile bietet. Natürlich ist es aber auch möglich, mit einer Ernährungsumstellung aus Paleo-Lebensmittel überschüssige Pfunde loszuwerden!

Um zu verstehen, wie man mit Paleo abnehmen kann, sollte man zunächst verstehen, warum und wie man zunimmt.
Und das geschieht nicht, wie viele annehmen, durch übermäßigen Fettkonsum, sondern - Überraschung - durch Zucker.

Ganz einfach dargestellt:

Zuckerkonsum -> erhöhter Insulinspiegel -> Fettabbau wird gestoppt

Um abzunehmen sollte man also, vereinfacht dargestellt, die Kohlenhydrate zurückschrauben. Man muss jedoch verstehen, dass jeder Körper anders ist und jeder anders auf Makronährstoffe (also Fette, Proteine und Kohlenhydrate) reagiert.

Manche Menschen benötigen mehr Kohlenhydrate, als andere, damit sie ihre bestmögliche Leistung bringen können, andere können weitestgehend darauf verzichten, ohne jegliche Energieverluste zu haben.

Viele Erfahrungsberichte und Studien zeigen zudem, dass Frauen oft mehr Kohlenhydrate benötigen als Männer, aber das muss jeder für sich selbst herausfinden.

Auch ist es so, dass sehr aktive Menschen und Sportler oft nicht auf (gute, langsame!) Kohlenhydrate verzichten können oder wollen, man muss nur wissen, welche Lebensmittel in der Hinsicht "sicher" zu verzehren sind.

Dazu gehören Lebensmittel, die zwar kohlenhydratreich sind, deren Kohlenhydrate jedoch nicht etwa größstenteils aus Fruktose bestehen sondern z.B. Glukose oder Stärke, da der Körper diese für sich effektiv nutzen kann, Fruktose hingegen nicht.

Zu stärkehaltigen Lebensmitteln, die absolut Paleo-konform sind, zählen allerlei Wurzelgemüse wie Pastinaken, Möhren, Kohlrabi etc.

Eine meiner Lieblings-Kohlenhydratquellen ist die Süßkartoffel. Von der Kalorienzahl und dem Kohlenhydratgehalt gleicht sie der herkömmlichen Kartoffel sehr (obwohl sie noch nicht einmal zu einer Gattung gehören), hat jedoch mehr Vorteile zu bieten wie zum Beispiel Vitamin A oder D.
Ausserdem ist sie im Gegensatz zur weissen Kartoffel kein Nachtschattengewächs und wird so häufiger gut vertragen.

Wenn ich also Sport mache oder sonst sehr aktiv bin, ist es schlau, an diesem Tag etwas Stärke- oder Glukosehaltiges zu mir zu nehmen, da der Aufbau und die Regeneration der Muskeln weitaus schneller von statten geht.

Glukosehaltig wäre zum Beispiel eine Banane, auch ein super Beispiel für Paleo-konforme Kohlenhydrate.

Ja, was ist eigentlich mit Obst?

Wo wir gerade bei Obst sind: Es stellen sich viele Fragen bezüglich Paleo, da die meisten Obstsorten sich über die Jahrtausende derweit verändert haben und es in der Steinzeit sicher nicht die süßen Früchte gegeben hat, die wir heute kennen.

Allgemein gesagt sind alle Früchte und Gemüsesorten Paleo, da sie "echte, ganze Lebensmittel" sind und in vielen Fällen direkt verzehrt werden können. Jedoch sollte man sich seine Obstauswahl genauer ansehen.

Ich empfehle, fruktosearme Früchte zu wählen, da wir, wie schon erklärt, mit dieser Art von Zucker nichts anfangen können und nur unnötig hungrig, schlecht gelaunt und zuckerabhängig werden.

Zu den fruktosearmen Obstsorten gehören unter anderem Beeren jeglicher Art (lassen sich super gefroren kaufen und weiterverarbeiten), Birnen, Pfirsiche, Aprikosen, und Feigen (Vorsicht: getrocknete Früchte gehören nicht dazu, das sind Zuckerbomben).

Und was ist mit Süßungsmitteln und Tafelzucker?

Auf Tafelzucker sollte selbstverständlich verzichtet und stattdessen eine natürlichere Süßungsquelle gewählt werden.
Für meine Desserts wähle ich daher entweder Honig oder Ahornsirup.

Ahornsirup besteht mehr aus Glukose als aus Fruktose und kann daher vom Körper besser verwertet werden, Honig hat hingegen viele Mikronährstoffe, die uns zugutekommen.

Dennoch sollte klar sein, dass diese Süßungsmittel Ausnahmen sein sollten.

Für Freunde und Familie mache ich gerne Desserts, bringe auf Geburtstagen Cupcakes mit oder benutze sie als krönenden Abschluss an ein 3-Gänge-Menü für meine besten Freunde. Für mich allein würde ich nicht auf die Idee kommen, Cupcakes im Voraus zu backen oder als Vorrat ein paar Kekse zu backen.

Aber natürlich sollte man sich ab und zu was gönnen, und ich bin der Meinung, dass, wenn man dies tut, man es richtig tun sollte, mit guten Zutaten.

Beliebt ist in der Paleowelt Stevia, ein natürliches Süßungsmitteln aus Blättern, was man als ganze Pflanze, gepulvert oder als Flüssigkeit erwerben kann.

Ich benutze es auch ab und zu, mag aber den Geschmack von Honig und Ahornsirup lieber als eigene Note eines Desserts.

Mir machen damit gesüßte Speisen mehr Freude als mit Stevia gesüßte, auch wenn diese den Insulinspiegel weitaus weniger anheben.

Vorspeisen & Beilagen & Snacks.

Feta-Minz-Koriander-Dip

für eine große Portion

- *500 g Naturjoghurt oder griechischer Joghurt*
- *200 g Feta*
- *frischer Koriander, eine Handvoll, gehackt*
- *frische Minze, eine Handvoll, gehackt*

Den Feta und den Joghurt mit dem Stabmixer mixen, dann die gehackte Minze und den Koriander einrühren. Mit Salz und Pfeffer abschmecken!

Bon Appétit!

Dieser Dip ist super für Partys mit Rohkostplatten, geräuchertem Lachs oder zu Bifteki (S. 54).
Auch toll zu gebratenem Gemüse, zu Fleisch oder indischen Gerichten.

Artischocken mit Pfeffer Aioli

für 2 Portionen

- *2 Artischocken*
- *2 Eigelb*
- *1-2 EL Zitronensaft*
- *¼ TLSenf*
- *¼ TL Meersalz*
- *100 ml Olivenöl*
- *3-5 EL Ghee, je nach Geschmack, zimmerwarm*
- *2 Knoblauchzehen*
- *frisch gemahlener schwarzer Pfeffer (Alle Zutaten zimmerwarm)*

Die Artischocken waschen und mit einer Schere die Blattspitzen drum herum abschneiden, danach den Stängel und die Spitze ganz abschneiden.
In einem großen Topf Salzwasser mit einem guten Schuss Zitronensaft zum Kochen bringen und die Artischocken ca. 15 min darin kochen. Sie sollten sich immer unter der Wasseroberfläche befinden, sonst oxidieren sie und werden unschön braun.
Mit dem Stabmixer die Eigelbe, den Zitronensaft, den Knoblauch, Senf und Salz kurz mixen, dann nach und nach das Öl dazugeben, hier vorsichtig sein, sonst gerinnt die Aioli. Die Mixtur sollte schnell fester und heller werden.
Nach und nach das Ghee dazu geben und unterrühren. Zuletzt den Pfeffer hinzugeben und gut verrühren.
Das ganze passt gut als Vorspeise oder als Beilage zu einem schönen gemischten Salat oder einem mediterranen Gemüseauflauf mit Feta.

Die Alioli sollte wegen dem frischen Ei in 2-4 Tagen aufgebraucht werden, man kann diese aber zu allem möglichen essen. Klassisch zu Fisch oder Meeresfrüchten, gegrilltem Gemüse (s. 32), frischem grünen Spargel oder als Kräuterbutter-Ersatz auf dem Steak und und und....

Bon Appétit!

Süßkartoffel-Karotten-salat mit Bacon

für 4-6 Portionen

- *3-4 Süßkartoffeln*
- *6-8 Karotten*
- *3 EL Zitronensaft, frisch*
- *Ghee, zimmerwarm*
- *100 g gewürfelter Speck, Chorizo (spanische Paprikawurst) oder Sucuk (türkische Knoblauchwurst)*
- *Chiliflocken*
- *Kaffirlimettenblätter, pulverisiert*
- *1 kleiner Bund frischer Koriander, gehackt*
- *Salz, Pfeffer*

Den Backofen auf 180° vorheizen.
Die Süßkartoffeln und Karotten schälen, in grobe Stücke schneiden und mit dem Zitronensaft, dem Ghee, und den Gewürzen etwa eine halbe Stunde marinieren.
Die Mischung auf einem Backblech verteilen und etwa 40 min backen, bis sie etwas anröstet.
Derweil den Bacon/Fleisch in einer Pfanne ohne Fettzugabe scharf anrösten, von der Platte nehmen.
Komplett abkühlen lassen und den Speck/das Fleisch und den Koriander unterrühren. Super für Grillpartys oder als Beilage!

Bon Appétit!

Avocado Gazpacho

für 2 Portionen

- *1/2 Gurke, geschält und grob gestückelt*
- *2 Paprika, geschält und grob gestückelt*
- *200 g Tomaten, püriert*
- *1 Avocado*
- *2 EL Olivenöl*
- *2 Knoblauchzehen, grob gehackt*
- *1 rote Zwiebel, grob gehackt*
- *3 EL Zitronensaft, frisch*
- *frischer Koriander, eine Handvoll, grob gehackt*
- *Chorizo oder Bacon nach Gusto, grob gehackt*

Alles ausser die Chorizo in den Mixer geben oder mit dem Stabmixer mixen, bis eine dickflüssige, cremige Suppe entsteht. Mit Salz und Pfeffer abschmecken.
Die Chorizo oder Baconstücke in der Pfanne anbraten, bis sie Farbe bekommen, darübergeben.

Bon Appétit!

Avocado-Becher

für 2 Hälften

- *1 Avocado halbiert und entkernt*
- *ein 2-3 cm Stück von einer guten Chorizo (spanische Paprikawurst)*
- *1 große Fleischtomate*
- *2 TL Zitronensaft*

Die halbierte Avocado jeweils kreuz und quer einschneiden, mit einem Esslöffel aushöhlen und das Fruchtfleisch in eine Schüssel geben.
Die Chorizo klein schneiden und in einer Pfanne etwas anbraten, bis sie Farbe bekommt.
Die Tomate klein schneiden, zu dem Avocadofleisch geben, die Chorizo dazugeben, gut durchrühren.
Salzen, pfeffern, den Zitronensaft unterrühren und in den leeren Schalen anrichten.

Bon Appétit!

**Die Avocado heisst im Volksmund nicht umsonst "Die Butter des Baumes".*
Sie enthält ausgezeichnete gesättigte Fette und ist in Salaten, zu Fleischgerichten oder einfach so mit Meersalz, Pfeffer und Zitronensaft zum auslöffeln immer eine tolle Ergänzung.

Blumenkohl-Stampf

für 2-3 Portionen

- *1 Kopf Blumenkohl, gewaschen und grob geschnitten*
- *1 Zwiebel*
- *3 Knoblauchzehen*
- *Kräuter der Provence*

Den Blumenkohl grob schneiden und ca. 20 min weichdämpfen oder kochen. In einer Pfanne 1 El Butter zerlaufen lassen, darin die kleingeschnittene Zwiebel und den gehackten Knoblauch glasig werden lassen, zuletzt die Kräuter dazugeben und etwas erhitzen.
Den weichen Blumenkohl abgießen und mit einem Stabmixer pürieren.

Die Butter dazugeben, alles gut durchrühren, fertig!

Bon Appétit!

**Blumenkohlstampf ist eine tolle Low-Carb Alternative zu Kartoffelbrei und eine super Beilage zu Fleischgerichten jeglicher Art. Toll mit gebratenem grünen Spargel und Rumpsteak (S.58).*

Baconumhüllte gefüllte Pfirsiche

für 2 Portionen

- *2 Pfirsiche*
- *20 g Ziegenfrischkäse*
- *4 Streifen Schinkenspeck/Bacon*

Die Pfirsiche halbieren, in die Löcher den weichen Ziegenfrischkäse streichen, und vorsichtig mit dem Bacon umhüllen.
Bei mittlerer Hitze von oben und unten in einer Grillpfanne (am besten mit Rillen) anbraten.

Bon Appétit!

Hauptspeisen:

Fleisch.

Gefüllte Tomatenburger mit Aioli-Röstgemüse

für 2 Portionen

Röstgemüse:

- *Brokkoli, in kleine Röschen geschnitten, den Stil schälen und auch klein schneiden*
- *geschredderter Spitzkohl*
- *Zucchini, in Stücke geschnitten*
- *rote Zwiebel, feingehackt*
- *Blumenkohl, in Stücke geschnitten*
- *Aioli (S. 18)*
- *andere Gemüsesorten nach Wahl*

Den Ofen auf 180° vorheizen.
Gemüse waschen, schneiden und auf eine lange Auflaufform /Backblech geben. Die Aioli darüber geben, pro Blech ca. 2-3 El.
Das ganze gut durchkneten und 35-40 min backen!

für 4 Burger:

- *500g Rinderhack*
- *2 Eier*
- *2 EL gemahlene Mandeln*
- *1 kleine Zwiebel, kleingehackt*

- *3 EL Tomatenmark*
- *1 TL Olivenöl*
- *frischer Basilikum, gehackt*
- *frischer Oregano, gehackt (natürlich geht bei diesen beiden Gewürzen auch die getrocknete Variante)*

Das Hack mit dem Ei, den Mandeln, und der Zwiebel gut durchkneten, salzen und pfeffern.
Für die Füllung die restlichen Zutaten vermischen, bis eine Paste entsteht.
Für die Burger die Masse in 8 Teile teilen und Patties daraus formen.
Jeweils 4 Patties auf ein Brett legen, etwas flachdrücken, die Hälfte der Paste in die Mitte geben, die restlichen Patties darauflegen und an den Seiten etwas festdrücken.

In Butter vorsichtig von beiden Seiten braten, bis sie goldbraun sind.

Bon Appétit!

Schweinefilet im Baconmantel

für 4 Portionen

- *1 Schweinefilet*
- *2 EL Tomatenmark*
- *1 Handvoll grüne und schwarze Oliven, gehackt*
- *2 Knoblauchzehen, gehackt*
- *8-10 Baconstreifen*
- *Rosmarin, Thymian, Oregano*

Den Ofen auf 200° vorheizen.
Aus dem Mark, den Oliven, dem Knoblauch, den Kräutern, Salz und Pfeffer eine Paste anrühren.
Das Schweinefilet längs etwa bis zur Hälfte aufschlitzen, salzen, pfeffern, und mit der Masse füllen. Das ganze mit dem Bacon Streifen für Streifen so umhüllen, dass die gefüllte Seite nach oben zeigt und das Filet durch den Bacon zusammengehalten wird.
Das Filet in eine lange Auflaufform legen und 35 min garen lassen.

Bon Appétit!

Dazu schmeckt eine Frittata (s. 56), in Butter sautiertes Gemüse oder ein großer gemischter Salat.

Mediterranes Gulasch

für 2 Portionen

· 1 Zucchini
· 1 Zwiebel
· 2 Knoblauchzehen
· 1 Paprika
· 500 g Rindfleisch
· 500 ml passierte Tomaten
· Kräuter der Provence

Das Gemüse in grobe Stücke schneiden, die Paprika zuvor schälen, da die Schale unverdaulich ist.
Das Fleisch mit einem guten Stück Butter in einem Topf bei großer Hitze kurz anbraten, herausnehmen.
Das Gemüse in die Pfanne geben, etwas Olivenöl dazugeben, bei mittlerer Hitze etwas weiter anrösten. Salz, Pfeffer, und Kräuter dazugeben.
Das Fleisch wieder dazugeben, und mit den passierten Tomaten ablöschen, eventuell etwas Wasser nachschütten.
Das Ganze etwa eine Stunde weiterschmoren lassen.

Bon Appétit!

Das Gulasch lässt sich in der Zusammensetzung auch hervorragend im Schnellkochtopf oder Crockpot (Slow Cooking) zubereiten.

Pork and Cabbage Stew

für 2 Portionen·

500 g Schweinefleisch, in grobe Stücke geschnitten
· ½ Kopf Chinakohl oder Spitzkohl, geschreddert
· 8 große braune oder weisse Champignons, grob gestückelt
· 1 gehackte Zwiebel
· 1 gehackte Knoblauchzehe
· 100 ml Sahne

In einer großen Pfanne einen EL Butter schmelzen und die Zwiebeln und den Knoblauch darin glasig werden lassen. Das Fleisch hinzugeben und kurz auf hoher Hitze anbraten und dann herausnehmen.

Das Gemüse nun in die Pfanne geben und etwas braten lassen bis es durch ist.

Nun nochmal das Fleisch hinzugeben und alles mit der Sahne auffüllen, kurz köcheln lassen

Bon Appétit!

Italienische Hühnerbrust auf Blattspinat

für 2 Portionen

· 1 großer Bund Blattspinat
· 15-20 Kirschtomaten, optional auch kleingeschnittene Rispentomaten
· 2 Hühnerbrüste
· ½ Zwiebel, kleingehackt
· 2 Knoblauchzehen, kleingehackt

· 1,5 El Tomatenmark
· 1 tl Olivenöl
· frisches Basilikum, gehackt
· frischer Oregano, gehackt (natürlich funktioniert bei diesen beiden Gewürzen auch die getrocknete Variante!)

Den Ofen auf 200° vorheizen.
Für die Paste die Zutaten des zweiten Abschnittes vermischen.
Den Blattspinat waschen, die Stile hacken und die Blätter grob auseinanderzupfen. Die Tomaten vierteilen.
Die Hühnerbrüste in Butter kurz anbraten, so dass die Farbe bekommen, salzen und pfeffern.
Den Blattspinat mit den Tomaten derweil in einer großen Schüssel mit Salz und Pfeffer würzen und mit Olivenöl dressieren.
Diese Mischung als Bett in eine Auflaufform geben, die Hühnerbrüste darauflegen und mit der Paste bestreichen.
Das ganze 15 min backen.

Bon Appétit!

Meatza

für 2-3 Portionen

- *800 g Rinderhack*
- *2 Eier*
- *1 daumengroßes Stück Chorizo, kleingehackt*
- *400 g gehackte/pürierte Tomaten*
- *1 Zwiebel, gehackt*
- *2 Knoblauchzehen, gehackt*
- *Oregano*
- *Basilikum*
- *opt.: Kräuter der Provence*
- *Oliven*
- *Pilze, gehackt*
- *Blattspinat, grob zerpflückt*
- *etwas Ziegenkäse zum Überbacken*

Den Backofen auf 200° vorheizen.
Das Hack mit den Eiern und der Chorizo gut vermischen, Salzen und Pfeffern.
Auf ein Blech auslegen, platt drücken und 10 min backen, das überflüssige Fett wegwischen/aufbewahren.
Während das Fleisch im Ofen ist, eine Tomatensauce herstellen: In einer Pfanne etwas Ghee mit einem Schuss Olivenöl warm werden lassen, die Zwiebeln und den Knoblauch etwas glasig werden lassen. Mit den Tomaten ablöschen, salzen, und die Kräuter hinzugeben. Das ganze köcheln lassen bis es genug einreduziert ist, oft rühren! Das Ganze dauert etwa 10 Minuten.
Auf das Hack die Sauce und die Toppings verteilen, nach Wunsch mit etwas geriebenem Ziegenkäse bestreuen. Das Blech kommt dann nochmal etwa 5 Minuten unter den Backofengrill.

Bon Appétit!

***Meatza schmeckt auch lauwarm oder bei Zimmertemperatur wunderbar, auch am nächsten Tag zu einem Salat toll!**

Zitronenkeule auf Ofengemüse

für 2 Portionen

· 2 Hühnchenkeulen
· 1 Süßkartoffel, in mundgerechte Stücke geschnitten
· 1-2 daumengroße Stücke Chorizo, grob geschnitten
· 1 Zucchini, grob geschnitten
· 2 El Ghee
· 3 El Zitronensaft

· Keffir-Limettenblätter, gepulvert
· Chiliflocken
· Knoblauchpfeffer, optional gehackter Knoblauch + Pfeffer

Den Backofen auf 200° vorheizen.
Aus der Ghee, dem Saft, Salz, Pfeffer, und den Gewürzen eine Paste herstellen und gut verrühren.
Das Gemüse, die Chorizo und die Keule gut mit der Paste einreiben und einmassieren, bis alles bedeckt ist.
Das Gemüse mit der Chorizo in eine Auflaufform/auf ein Backblech geben und die Keule draufsetzen.

Etwa 50 Minuten backen.

Bon Appétit!

Pfirsichhuhn auf Süßkartoffelstampf

für 2 Portionen

- *1 große oder 2 kleinere Süßkartoffeln*
- *4 El Kokosmilch*
- *2 Hühnerbrüste*
- *2 große Pfirsiche*
- *Zimt*

Die Süßkartoffeln in Würfel schneiden und in wenig Wasser weichkochen, etwa 15 Minuten.
Die Süßkartoffeln mit der Kokosmilch, Salz, Pfeffer, und Zimt stampfen/pürieren und auf einem Teller anrichten.
Derweil die Hühnerbrüste in Butter oder Ghee anbraten, salzen und pfeffern.
Die Hühnerbrüste aus der Pfanne nehmen, in Streifen schneiden und auf den Süßkartoffelstampf legen, die geachtelten Pfirsiche im restlichen Fett in der Pfanne kurz anrösten und über das Gericht geben.

Bon Appétit!

**Mein persönliches Lieblingsrezept!*

Hackbällchen auf Gemüse-Rösti

für 2 Portionen

- *1 Süßkartoffel*
- *1 Zucchini*
- *500g Rinderhack*
- *2 Eier*
- *1 kleine Zwiebel, gehackt*
- *eine Handvoll Petersilie, am besten frisch*
- *100 ml Sahne*

Das Hack mit einem Ei, der gehackten Zwiebel, der gehackten Petersilie, Salz und Pfeffer durchkneten, kleine Bällchen formen,und für ca. eine Stunde in den Kühlschrank stellen.
Derweil die Süßkartoffeln raspeln und in Ghee kurz anbraten, zur Seite stellen.
Die Zucchini raspeln und mit den Süßkartoffelraspeln, Salz, Pfeffer und dem anderen Ei vermischen.
Den Ofen auf Grillfunktion vorheizen.
Die Hackbällchen in einer Pfanne mit Ghee auf mittlerer Hitze anbraten, die Bällchen immer wieder vorsichtig drehen.
Die Röstimasse in zwei Pfannen, ebenfalls mit Ghee, von einer Seite bei mittlerer Hitze anbraten und unter den Grill stellen, bis sie oben schön angebräunt sind.
Die Rösti anrichten und die Bällchen daraufgeben
In die Fleischpfanne einen Schuss Sahne geben, ganz kurz aufkochen lassen, und über das Gericht geben.

Bon Appétit!

Zucchini-Pasta Bolognese

für 2 Portionen

- *500 g Rinderhack*
- *1 rote Zwiebel, gehackt*
- *2 Knoblauchzehen, gehackt*
- *50 g Schinkenspeck, klein gewürfelt*
- *400 ml passierte/gehackte Tomaten*
- *Oregano*
- *Basilikum*
- *2 Zucchini*

· *Julienne-Schneider*

Die Zucchini mit dem Julienne Schneider in Streifen schälen, das Innere der Zucchini für Salate, Gemüsepfannen etc. aufbewahren.
In einer Pfanne Butter heiß werden lassen, die Zwiebeln und den Knoblauch hineingeben und glasig werden lassen. Das Hack mit dem Speck hinzugeben, bis es etwas anbräunt, dann die Tomaten und die Kräuter dazugeben. Etwa 5 Minuten köcheln lassen.
Derweil in einer anderen Pfanne Butter heiss werden lassen, die Zucchinistreifen dazugeben und bei mittlerer Hitze garen lassen, bis sie etwas Farbe bekommen, eventuell einen Schuss Wasser hinzugeben und köcheln lassen, bis es verdunstet ist.
Die Zucchinistreifen auf einen Teller geben und die Sauce darüber verteilen.

Bon Appétit!

Würzige Curry-Hacksuppe

für 2 Portionen

- *500 g Rinderhack*
- *2 große Frühlingszwiebeln oder mehrere kleine*
- *2 Knoblauchzehen, fein gehackt*
- *1 daumengroßes Stück Ingwer, fein gehackt*
- *Curry*
- *400 ml Kokosmilch*
- *optional: Chiliflocken*

Die Frühlingszwiebeln, den Ingwer und den Knoblauch in Butter leicht anrösten lassen, dann das Fleisch dazugeben, mit Curry bestäuben, eventuell Chiliflocken dazugeben und mit anbraten.
Mit Kokosmilch ablöschen und 5-10 minuten weiter kochen lassen.

Bon Appétit!

**Leider hat Hackfleisch in den letzten Jahrzehnten einen schlechten Ruf bekommen, wie es scheint. Es wird oft jediglich als Zutat zu einem Chili oder einer Sauce Bolognèse gesehen, dabei kann es so viel mehr!*
Ob mediterran, indisch, oder deutsch angehaucht, man kann unheimlich viel damit machen, und relativ kostengünstig ist es, auch in höchster Weidefleischqualität, noch dazu!

Bifteki mit Gemüse Wedges

für 8 Bifteki:

- *500 g Rinderhack*
- *1 rote Zwiebel, gehackt*
- *Petersilie, gehackt, Handvoll*
- *Minze, gehackt, kleine Handvoll*
- *2 Eigelb*
- *100 g Feta, in Streifen geschnitten (einen Block längst halbieren und Streifen davon abschneiden)*

- *1 Hokkaido oder Butternusskürbis, ausgehöhlt und grob gestückelt*
- *2 Zucchinis, grob gestückelt*
- *Paprika rosenscharf*
- *Kreuzkümmel*
- *Koriandersamen, geschrotet*
- *1 EL Ghee*

Den Ofen auf 200° vorheizen.
Das Hack mit den Eigelben, der gehackten Zwiebel, der gehackten Petersilie, der Minze, Salz und Pfeffer durchkneten, größere Rechtecke formen, in jeden einen Fetastreifen legen, zuklappen, und Quader daraus formen. Kurz kalt stellen.
Derweil die Kürbis- und Zucchinistücke mit Salz, Pfeffer und den Kräutern bedecken. Das Ghee in die (selbstverständlich vorher gewaschene) Hand nehmen, durch Verreiben schmelzen, das Gemüse damit durchkneten und auf ein Backblech geben. 30 Minuten backen.
Die Bifteki in einer Pfanne in Ghee auf mittlerer Hitze anbraten und dabei immer wieder vorsichtig drehen.

Bon Appétit!

Frittata

für 1 große Frittata

· 1 Zucchini, kleingeschnitten
· 1 kleingeschnittene Zwiebel
· 1 geraspelte Süßkartoffel, in Kokosöl sautiert bis sie relativ weich ist
· 1/4 Chinakohl, geschreddert oder kleingeschnitten
· 1/2 Bund grüner Spargel, kleingeschnitten
· 100 ml Sahne

· Speck/Lachswürfel nach Gusto
· Kräuter nach Gusto, gut passt hier Thymian, Rosmarin und Majoran
· Ziegenkäse, geraspelt nach Gusto
..oder sonstiges frische Zutaten, Vorschläge:

Brokkoli in kleine Röschen geschnitten,
kleingeschnittener Blumenkohl,
gewürfelte Tomaten,
Oliven,
Chorizo
andere würzige Wurstsorten
in Scheiben geschnittene Karotten

Die Eier mit der Sahne verquirlen, bis es ein wenig schäumt. Mit Salz, Pfeffer und den Kräutern abschmecken,
Das Gemüse und Fleisch/Fisch in eine Auflaufform geben, die Eiermilch darüber verteilen und nach Gusto etwas Ziegenkäse darüber raspeln.

Bei 180° ca. 40 Minuten backen.

Bon Appétit!

**Das tolle an der Frittata ist, das man wirklich alles an Gemüse hineingeben kann. Ein super Gericht also, wenn sie Reste da haben, die schnell verarbeitet werden müssen, oder einfach mal keine Lust haben, ein kompliziertes Gerichte mit Mengenangaben zu kochen. Man kann die Frittata natürlich auch ohne Käse zubereiten, oder aber auch mit anderen Käsesorten.*
Kalt schmeckt diese darüber hinaus auch super, ist also perfekt für Arbeitstage, weil man eine Frittata am Vorabend superschnell machen kann, und dann immer etwas auf Vorrat da hat! Auch super, wenn man sie kalt und zerpflückt zu einem großen Salat dazugibt!

Rumpsteak mit Parmesankruste

für 2 Portionen

- *2 Rumpsteaks, Größe nach Gusto*
- *1 EL gemahlene Mandeln*
- *1 EL mittelscharfer Senf*
- *1 EL Parmesan, gerieben*
- *1 kleine Zwiebel, klein gehackt*
- *2 Knoblauchzehen, klein gehackt*
- *Thymian*

In einer Pfanne 1 EL Butter heiss werden lassen, den Knoblauch und die Zwiebeln darin auf mittlerer Hitze glasig werden lassen. Den Senf, die Mandeln, den Thymian und den Parmesan dazugeben und zu einer Paste vermischen, zur Seite stellen.
Den Backofen auf Grillfunktion stellen
Das Rumpsteack von beiden Seiten salzen und pfeffern und in reichlich Butter von beiden Seiten scharf anbraten. In Alufolie wickeln und 5 Minuten zur Seite stellen.
Derweil kann man gut einen Beilagensalat anrichten.
Nach den 5 Minuten das Steak wieder auswickeln, und mit der Paste bestreichen. In einer Pfanne unter den Grill geben für 1-2 Minuten, bis die Oberfläche schön braun und krnusprig wird.

Dazu passt ein bunter Salat oder etwas Gemüse!

Bon Appétit!

Hauptspeisen:

Fisch
&
Meeresfrüchte.

Lachspäckchen im Kräuter-Omelette

Lachspakete:

- *2 Lachsfilets*
- *2 Zucchinis*
- *2 handvoll eingelegte Oliven*
- *2 Tomate*
- *1 Bio-Zitrone, in Scheiben geschnitten*
- *Olivenöl*
- *Kräuter der Provence*
- *Alufolie*

Grüner Spargel in Kräuteromelette:

- *10 Spargelstangen*
- *4 Eier*
- *30 ml Sahne*
- *Kräuter der Provence*

Den Backofen vorheizen auf 180°.
Die Zucchini in lange Streifen schneiden und genau wie das Lachsfilet mit Olivenöl und den Kräutern einreiben, salzen und pfeffern. Zuerst die Zucchinistreifen auf die Alufolienstücke legen, den Lachs jeweils darauf geben.
Die Tomate in kleine Stücke schneiden und mit den Oliven dazulegen.
Zwei Zitronenscheiben obendrauf legen, zuvor ein wenig Saft ausdrücken.
20 min. backen.

Für die Omelettes die Eier mit der Sahne und den Kräutern schaumig schlagen. In einer Pfanne Butter zerlassen und die Eiermischung hineingeben.
Die Pfanne mit einem Deckel abdecken und weiter bei niedriger bis mittlerer Hitze stocken lassen.
Den Spargel derweil waschen und trocknen, die holzigen Enden abbrechen.
In Butter bei mittlerer Hitze braten, salzen und pfeffern. Eventuell etwas Wasser dazugeben, und köcheln lassen bis das Wasser wieder verdunstet ist und der Spargel etwas Farbe angenommen hat.

Bon Appétit!

Süßkartoffel-Garnelensuppe

für 2 Portionen

- *Tamarind, Galgan, Ingwer, jeweils walnussgroße Mengen*
- *2 Keffir-Limettenblätter, kleingehackt oder 1 tl pulverisiert*
- *2 Süßkartoffeln, geschält und weichgekocht*
- *100 g Garnelen*
- *400 ml Kokosmilch*
- *2 weiße Fischfilets, z.B. Seelachs, in mundgerechte Stücke geschnitten*
- *2 EL geraspelte Kokosnuss*

- *frischer Koriander zum verfeinern*

Die kleingehackte Tamarind-, Galgan-, und Ingwermischung in Ghee etwas warm werden lassen, bis diese ihr Aroma verteilen.
Die gekochte Süßkartoffel dazugeben, etwas anbraten lassen und dann mit Kokosmilch ablöschen.
Das Ganze mit einem Stabmixer durchmixen bis eine sämige Suppe entsteht, evt. etwas Kokosmilch dazugeben.
Den Seelachs und die Hälfte der Garnelen dazugeben, dann das ganze köcheln lassen bis beide durch sind, etwa 5 Minuten.
In einer separaten Pfanne die andere Hälfte der Garnelen in Kokosöl anbraten lassen, zum Schluss die geraspelte Kokosnuss dazugeben und mit anbräunen lassen.

Diese dann am Ende über die Suppe geben und das Gericht mit frischem Koriander versehen.

Bon Appétit!

Paleo Paella

für 2 Portionen

- *2 Hühnerbrustfilets, in Stücke geschnitten*
- *200 g Garnelen*
- *3 daumengroße Stücke von einer Chorizo, grob gestückelt*
- *1 Paprika, geschält und in Stücke geschnitten*
- *5 Knoblauchzehen, gehackt*
- *1 rote Zwiebel, gehackt*
- *1 Zucchini, in Stücke geschnitten*
- *400 ml gestückelte Tomaten*
- *Kurkuma*
- *1 Zitrone*
- *1 Kopf Blumenkohl, geschreddert*
- *opt.: Chiliflocken*

Ghee in einer großen Pfanne oder im Wok erhitzen, das Huhn darin kurz anbraten (soll noch leicht roh sein) und rausnehmen. Mit der Chorizo genauso verfahren.
Knoblauch und Zwiebelstücke im zurückgelassenen Fett brutzeln lassen, das Gemüse dazugeben.
Großzügig mit Kurkuma bestäuben, salzen und pfeffern, optional Chiliflocken dazugeben.
Gut rühren, bis das Gemüse Farbe annimmt. Mit einer kleinen Tasse Wasser und den Tomaten ablöschen, und 10 Minuten weiter köcheln lassen.
Das Fleisch und die Garnelen dazugeben und viel rühren, bis die Garnelen durchgegart sind. Mit Zitronenachteln servieren.

Bon Appétit!

Fischcurry

für 2 Portionen

· 3 Fischfilets, z.B. Seelachs, in mundgerechte Stücke geschnitten
· 1/2 Kopf Chinakohl, geschreddert
· 1/2 Kopf Blumenkohl, in kleine Röschen geteilt
· 1 Zucchini, in grobe Stücke geschnitten
· 20-25 braune und/oder weisse Champignons, in grobe Stücke geschnitten
· 1 großer Bund Blattspinat, optional TK-Spinat, zerpflückt, die Stile kleingeschnitten
· 400 ml Kokosmilch
· 1 daumengroßes Stück Ingwer, gehackt
· 1/2 Zwiebel, gehackt
· 3 Knoblauchzehen, gehackt
· frischer Koriander

· Garam Masala
· Chiliflocken
· Curry

Ghee in einer großen Pfanne oder Wok erhitzen, Zwiebeln, Knoblauch und Ingwer darin erwärmen und alles Gemüse außer den Blattspinat dazugeben. Viel rühren und etwa 5 Minuten anrösten lassen.
Die Kokosmilch, den Fisch und den Blattspinat dazugeben. Kurz umrühren, dann mit geschlossenem Deckel etwa 3-5 minuten köcheln lassen.
Mit frischem Koriander servieren.

Bon Appétit!

Cashew-Kürbissuppe

- *1 /2 Hokkaido oder Butternusskürbis, gewürfelt, falls Bio mit Schale*
- *2 Pfirsiche, geachtelt*
- *1 kleine Zwiebel, grob gehackt*
- *2 Lachsfilets, in Würfel geschnitten*
- *200 g Cashew-Kerne, davon 100g in der Nacht vorher in Wasser aufgeweicht*
- *400 ml Wasser*
- *Muskatnuss*
- *Zimt*

In reichlich Kokosöl (1-2 EL) den Kürbis mit den Zwiebeln anbraten, salzen, pfeffern und die Pfirsiche dazugeben.
Mit dem Wasser ablöschen, die eingeweichten Cashews hinzugeben und das Ganze etwa 10-15 Minuten kochen lassen.
Mit Muskatnuss und Zimt abschmecken und dann mit einem Pürierstab bearbeiten.
In einer separaten Pfanne die Lachstücke salzen, pfeffern und mit den Cashew-Kerne in Kokosöl anbraten und über die Suppe geben.

Bon Appétit!

Jakobsmuscheln auf Ratatouille

für 2 Portionen

- *1 Zucchini, kleingewürfelt*
- *400 g kleingewürfelte Tomaten*
- *6 Jakobsmuscheln*
- *2 Knoblauchzehen, gehackt*
- *1 rote Zwiebel, gehackt*
- *1 Rosmarinzweig*
- *1 El Zitronensaft*
- *Kräuter der Provence*

Den Ofen auf 100° vorheizen.
In reichlich Butter die Zucchini, den Knoblauch und die Zwiebeln andünsten, bis sie etwas anrösten, salzen und pfeffern.
Dann die Tomaten, Kräuter und 2 EL Olivenöl dazugeben, und das Ganze etwa 10-15 minuten köcheln lassen, immer wieder durchrühren.
In einer seperaten Pfanne 1 EL Butter mit 1 EL Olivenöl und dem Rosmarinzweig warm, aber nicht zu heiß werden lassen, es darf nicht anfangen zu rauchen.
Wenn das Ratatouille fast fertig ist, den Rosmarinzweig in die Ratatouille-Pfanne geben und die Pfanne vom Herd nehmen. Die Butterpfanne heiss werden lassen, und die Jakobsmuscheln von jeder Seite etwa eine Minute anbraten und dann in den Ofen auf ein Backblech geben. In die Butterpfanne 1 EL Zitronensaft geben und kurz aufschäumen lassen.
Die Ratatouille anrichten, die Jakobsmuscheln darauf geben und über alles die Zitronenbutter verteilen.

Bon Appétit!

Lachsburger mit Süßkartoffelpommes

Für 4 Burger & 2 Portionen Pommes

- *2 Lachsfilets*
- *1 EL gemahlene Mandeln*
- *1 Eigelb*
- *1 handvoll Koriander, gehackt*
- *1 handvoll Blattpetersilie, gehackt*

- *1 große Süßkartoffel*
- *Kaffir-limettenpulver*
- *Zimt*
- *Chilipulver nach Gusto*

Den Ofen auf 200° vorheizen.
Die Lachsfilets kleinwürfeln, mit Salz, Pfeffer und den restlichen Zutaten vermischen, eine Stunde kalt stellen.
Die Süßkartoffel halbieren, in Pommesstücke schneiden und mit Salz, Pfeffer, den Gewürzen und 1 EL in der Handfläche erwärmtes Kokosöl durchkneten. Auf ein Backblech geben und ca. 30 min backen.
Während die Pommes backen, die Lachsmasse in Patties formen und vorsichtig bei mittlerer Hitze in Ghee oder Kokosöl von beiden Seiten braten, bis sie etwas Farbe bekommen. Mit Röstgemüse oder Salat servieren.

Bon Appétit!

Desserts.

Mandelmuffins mit Beerenfrosting

Muffins (etwa 12 Stück):

- *350 g gemahlene Mandeln*
- *70 g Kokosöl, geschmolzen*
- *70 g Honig*
- *3 Eier*
- *4 EL Zitronensaft*
- *½ TL Salz*
- *½ TL Backpulver*

Blaubeerfrosting:

- *100 ml Sahne,*
- *100 g Frischkäse [Vollfett]*
- *100 g Tassen Beeren nach Gusto*
- *6 TL Honig*

Den Backofen auf 160° vorheizen.
In einer großen Schüssel die trockenen Zutaten mischen.
In einer anderen Schüssel Eier, Honig, Kokosöl, Vanille und Zitronensaft glatt rühren.
Die nassen und die trockenen Zutaten mit einem Holzlöffel verrühren.
Für 23-27 Minuten backen und abkühlen lassen.
Für das Frosting in einem kleinen Topf bei mittlerer Hitze die Beeren mit dem Honig zum Kochen bringen. Die Hitze reduzieren und für 6-8 Minuten köcheln lassen. Häufig rühren und danach vollständig abkühlen lassen.
In einem kalten Metallbehälter die Schlagsahne steif schlagen. Für 15 Minuten kühl stellen. In einer anderen Schüssel den Frischkäse glatt und cremig rühren und die Schlagsahne unterrühren.
Mit einem Stabmixer die Beeren-Honig Mischung glatt mixen, eventuell durch ein Sieb geben. Die Beerenmischung mit der Sahnemischung verrühren, bis die Masse vollständig emulgiert ist.
Mindestens 20 Minuten kühlen und auf die Muffins streichen, eventuelle Reste danach im Kühlschrank aufbewahren, kann auch eingefroren werden (nach dem Auftauen dann einfach nochmal aufmixen!)

Bon Appétit!

Schokoladenkuchen

· 200 g Schokolade (70% oder 85%)
· 200 ml Kokosmilch
· 2 Eier, getrennt, die Eiweiße mit einer Prise Salz schlagen
· 150 g gemahlene Mandeln
· ½ TL Meersalz
· ½ TL Backpulver
· ½ TL Natron
· Honig oder Stevia nach Gusto. Meine Empfehlung: 50 ml Honig
· Kokosöl zum Einfetten
· Kokosraspeln zum Dekorieren

Den Backofen auf 180° vorheizen.
Die Schokolade etwas zerbrechen und mit der Kokosmilch und dem Honig in einem kleinen Topf bei sehr schwacher Hitze schmelzen lassen, dann den Topf vom Herd nehmen und ständig rühren.
Erst die Eigelbe einrühren, dann die gemahlenen Mandeln, das Salz, Backpulver und Natron.
Als letztes den Eischnee vorsichtig unterheben.
Eine flache Form mit Kokosöl einfetten.
Bei 180° für 20-25 Minuten backen.
Etwas abkühlen lassen und Kokosraspeln drüber geben.

Mit frisch geschlagener Sahne und einreduzierten heissen Beeren servieren.

Bon Appétit!

Chèvre Cheesecake

für 1 kleinen Kuchen:

Boden:

- *180 g gemahlene Mandeln*
- *50 g Ahornsirup, alternativ Stevia nach Gusto*
- *70 g Ghee/Butter*

Füllung

- *200 g Ziegenfrischkäse*
- *250 g Vollfettquark*
- *80 g Honig/Ahornsirup, alternativ Stevia nach Gusto*
- *3 Eier*
- *2 EL Zitronensaft*
- *Zitronenschale von einer Bio-Zitrone*

Den Backofen auf 175° vorheizen.
Die Butter schmelzen, mit dem gewählten Süßungsmittel und den gemahlenen Mandeln gut vermischen.
In eine gut gebutterte (kleine) Springform füllen, den Rand hochziehen.
Für die Masse die Eier mit dem Honig/Ahornsirup mit dem Handrührer schaumig schlagen, Zitronensaft und -schale hinzugeben, kurz verrühren.
Esslöffelweise beide Frischkäsesorten dazugeben, langsam unterrühren, zuletzt auf mittlerer Geschwindigkeit geschmeidig rühren, abschmecken.

50-60 Minuten backen, dabei die letzten 30 Minuten mit Alufolie abdecken.
Ganz abkühlen lassen, bevor man die Form vorsichtig abnimmt!

Dazu schmecken einreduzierte Beeren und Schlagsahne.

Bon Appétit!

Vanille-Schokoladen Shortbread

für etwa 20 kleine Shortbreadrechtecke:

- *5 El Butter/Vanille-Ghee (S. 86)*
- *1 El Kokosöl*
- *2 El Honig/Ahornsirup*
- *2 El Kakaopulver (100%)*
- *280 g gemahlene Mandeln*
- *Prise gemahlene Vanille*
- *Prise Salz*

Den Backofen auf 180° vorheizen.
Butter, Kokosöl, Salz, gemahlene Vanille und den Honig/Ahornsirup bei geringer Hitze schmelzen, dann in die gemahlenen Mandeln gut vermischen.
2/3 des Teiges mit dem Kakaopulver verkneten, als erstes in eine Auflaufform/Backbleck geben, dann den restlichen Teig darüber verteilen und die Oberfläche mit der Hand flachdrücken.
Mit einer Gabel mehrmals einstechen.
15-20 Minuten backen, bis der Rand leicht braun wird.
Lauwarm in längliche Rechtecke schneiden und abwarten, bis die Shortbreads vollständig abgekühlt sind, sonst brechen sie leicht auseinander.

Bon Appétit!

**** Eine superschnelle und einfache Low-carb Alternative zu dem klassischen schottischen Gebäck, toll zu Tee und Kaffee!***

Minz-Schokoladen Eis

· 2 Bananen
· eine Handvoll Minzblätter
· gehackte dunkle Schokolade (70% aufwärts)

Die Bananen in ein paar Stücke schneiden und in die Gefriertruhe stecken. Nach ca. 2 Stunden herausnehmen und zusammen mit der Minze mit dem Stabmixer pürieren. Die Schokolade unterrühren ét voila!
Mit Minze garnieren.

Bon Appétit!

**Die wohl einfachste Eiscreme, seit es Eiscreme gibt?*
Mit gefrorenen Banen lässt sich übrigens noch viel mehr machen!
Geben Sie zu der Masse noch Zutaten wie

gefrorene Beeren oder anderes Obst,
100%iges Kakaopulver,
Kokoscreme, -milch, -raspeln,
Mandelsplitter..
..der Fantasie sind keine Grenzen gesetzt!

Vanille-Ghee

- *500 g gute (Weide)Butter*
- *1 Vanilleschote*
- *1 Teefilter*

Die Schote aufschlitzen, das Mark herauskratzen, zur Seite stellen. Die Schote in wenige Stücke schneiden und mit der Butter in einen Topf geben. Die Butter langsam schmelzen und dann köcheln lassen, bis sich eine weiße Schicht aus Milchbestandteilen auf der Oberfläche bildet, ständig rühren. Sobald sich der Schaum auf der Oberfläche gebildet hat (ca. 10-15 min.), die Masse durch den Filter in ein geeignetes, hitzebeständiges Gefäß geben. Das Mark dazugeben und mit einer Gabel gut unterrühren. Abkühlen lassen und zwischendurch immer wieder durchrühren, da sich das Mark schnell absetzt.

Die Vanille-Ghee ist super zum Backen, Kochen oder Naschen geeignet!

Bon Appétit!

**Ghee oder auch geklärte Butter ist sehr einfach herzustellen, ohne die Vanille würde man auf diese Weise ganz normale Ghee herstellen.*
Diese hat, wie im Vorwort erwähnt, den Vorteil, keine Milchbestandteile mehr zu enthalten, was sie verträglicher und länger haltbar macht.
Ausserdem gibt ihr nussiges, fast süßes Aroma eine tolle geschmackliche Ergänzung zu vielen Gerichten.
Vorallem die indische und ayuvedische Küche profitiert von den aromatischen Vorteilen der Ghee.

Gebackener Apfel unter Haselnusshaube

2 kleine Porzellanförmchen

- *2 Äpfel (am besten Braeburn), geschält und klein gewürfelt*
- *2 EL Butter*
- *3 tl Honig*
- *Zimt*
- *Vanillepulver*

- *10 EL Haselnüsse, gemahlen*
- *3 tl Ahornsirup*
- *4 EL Butter*

Den Ofen auf 180° vorheizen.
In einer Pfanne die Butter mit dem Honig etwas karamellisieren lassen, dann die Äpfel dazugeben und etwas anbraten lassen, mit Zimt und Vanillepulver abschmecken und mit Wasser ablöschen, bis es gut einreduziert und die Äpfel weich sind.
Die Äpfel in zwei kleine Kuchen/Soufleéformen geben.

In einer Schüssel die restlichen Zutaten vermischen und über die Apfelmasse streichen.

15 Minuten lang backen.

Bon Appétit!

Rohe Schokoladen-Minztörtchen

für 4 Törtchen:

Boden:

- *4 El gemahlene Mandeln*
- *2 El Ahornsirup*
- *2 El Kokosöl*
- *2 tl Kakaopulver (100%)*

Minzcreme:

- *250 g Quark, Vollfett*
- *100 ml Sahne*
- *1 tl Agar Agar oder 6 Blatt Gelantine*
- *2 handvoll frische Minzblätter*
- *2 El Honig*
- *dunkle Schokoladensplitter und Minze zum Dekorieren*

4 Törtchenringe, auf einem flachen Brett aufgestellt

Für den Boden alle Zutaten vermischen und mit einem Teelöffel auf den Boden der Ringe verteilen.
Für die Masse die Gelantine/Agar Agar vorbereiten (einweichen, in Wasser aufkochen), den Rest mit dem Stabmixer bearbeiten und das Geliermittel gut unterrühren. Auf den Boden streichen und mindestens 3 Stunden kalt stellen. Mit frischer Minze und Schokosplittern garnieren.

Bon Appétit!

Kokos-Mandel Eis

· *400 ml Kokosmilch*
· *2 EL Honig*
· *2 Eigelb*
· *50 g Kokosraspeln*
· *30 g gestiftete Mandeln*

Die Kokosmilch in einem Topf erwärmen, bis sie köchelt und von der Kochplatte nehmen.
Die Eigelbe schlagen, bis sie cremig sind, und nun ganz langsam unter ständigem Rühren mit dem Schneebesen in die Kokosmilch einrühren, bei sehr geringer Hitze.
Gut weiterrühren, bis die Masse andickt, und dann den Honig, die Kokosraspeln und die Mandeln einrühren.
In die Eismaschine geben oder in die Gefriertruhe stellen und alle halbe Stunde einmal kräftig durchrühren. Nach etwa 2-3 Stunden sollte das Eis soweit sein!

Bon Appétit!

Pfirsich-Apfel Kuchen

- *2 Äpfel, geschält und kleingewürfelt*
- *2 Pfirsiche, kleingewürfelt*
- *400 ml Kokosmilch*
- *2 Eier*
- *200 g gemahlene Mandeln*
- *½ tl Meersalz*
- *½ tl Backpulver*
- *Honig, Ahornsirup oder Stevia nach Gusto. (Mein Rezept: ¼ -½ Tassen Honig)*
- *geschälte, gehobelte Mandeln zum Dekorieren*

Den Backofen auf 180° vorheizen.
Alle Zutaten miteinander verrühen, in eine Auflaufform o.ä. geben..
Die gehobelten Mandeln auf dem Teig verteilen.
Bei 180° für 20-25 Minuten backen.

Dazu geschlagene Sahne servieren.

Bon Appétit!

Trifle

- *1 Avocado*
- *4 El Honig*
- *6 tl Kakaopulver 100%*
- *2 El gemahlene Haselnüsse*
- *6 El Kokosmilch, cremig (gekühlt und kurz aufgemixt)*
- *100 g gefrorene Himbeeren*

Zuerst die Avocado mit dem Honig, dem Kakaopulver, den Haselnüssen und 2 El Kokosmilch mixen, bis die Masse cremig wird. In flache Gläser füllen.
Die gefrorenen Himbeeren ebenfalls kurz mit dem Stabmixer o.ä. bearbeiten, bis sie ein Granulat bilden.
Dieses über die Kakaocreme schichten und obenauf die restliche Kokos-milch
verteilen.

Bon Appétit!

FSC
www.fsc.org
MIX
Papier aus verantwortungsvollen Quellen
Paper from responsible sources
FSC® C105338